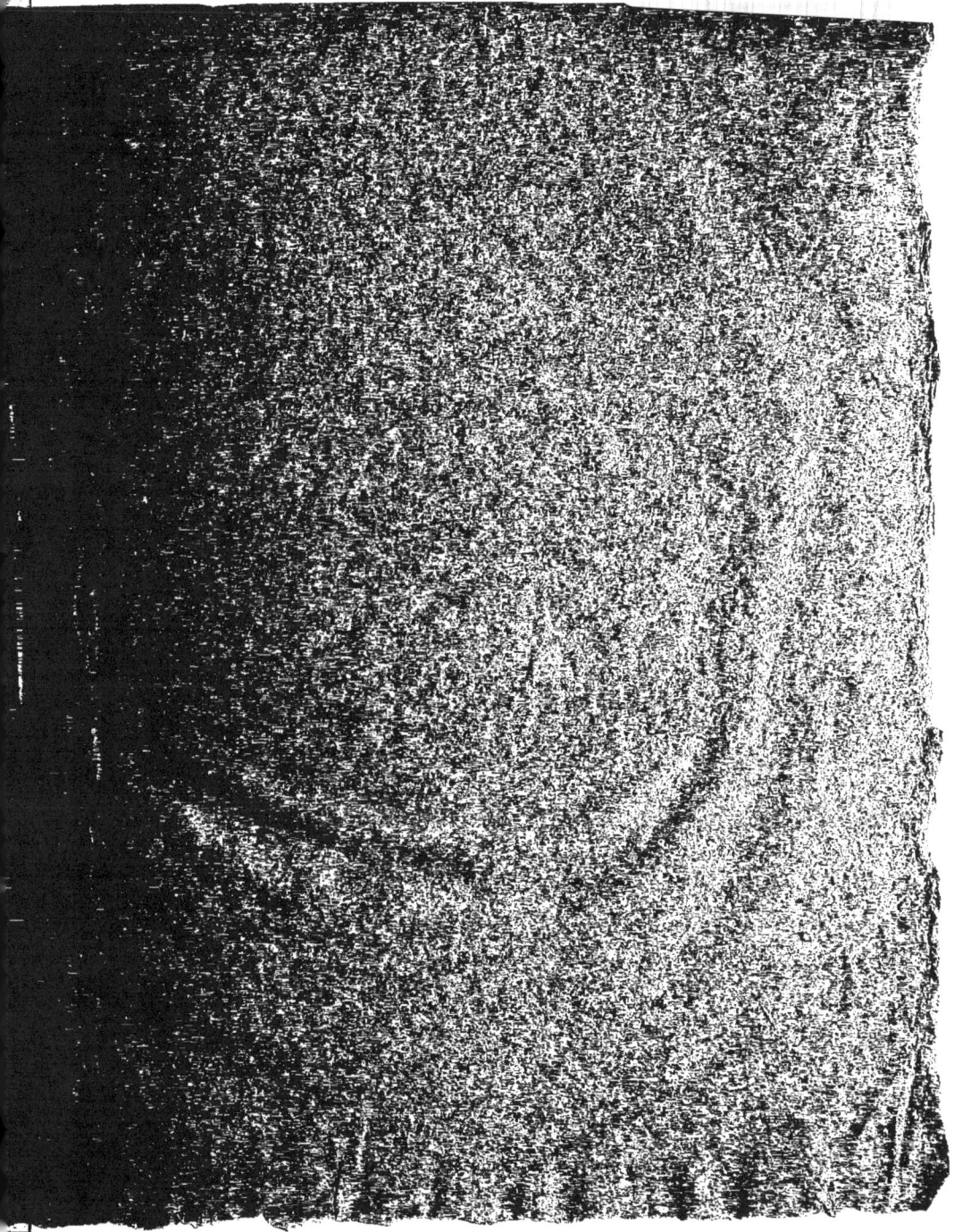

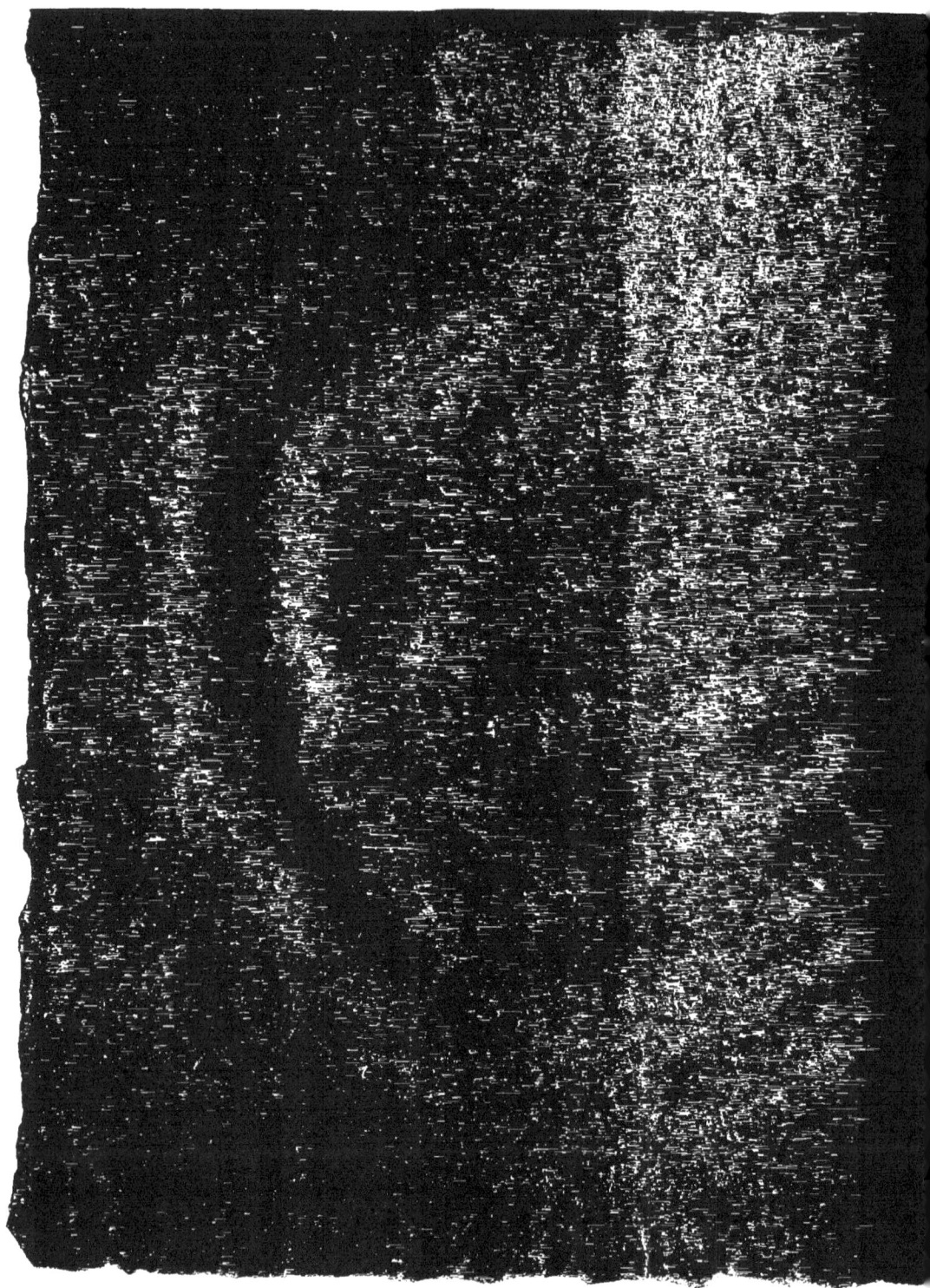

INSTRUCTION PUBLIQUE.

FACULTÉ DE DROIT DE STRASBOURG.

ACTE PUBLIC

SUR

LES DIFFÉRENTES MANIÈRES

D'ACQUÉRIR LA PROPRIÉTÉ,

*Qui sera soutenu à la Faculté de Droit de Strasbourg,
le Jeudi 4 Mai 1820, à quatre heures de relevée,*

POUR OBTENIR LE GRADE DE LICENCIÉ EN DROIT,

PAR

A. P. J. M. GALLIMARD,

BACHELIER ÈS-LETTRES ET EN DROIT,

DE STRASBOURG (DÉPARTEMENT DU BAS-RHIN).

STRASBOURG,

De l'imprimerie de LEVRAULT, impr. de la Faculté de Droit.
1820.

A MON PÈRE:

AMOUR, RESPECT,
RECONNOISSANCE ÉTERNELLE.

A. P. J. M. GALLIMARD.

M. Arnold, Doyen de la Faculté de Droit.

EXAMINATEURS:

MM. Thieriet de Luyton,
Kern,   } Professeurs.
Bloechel,

Rauter . . . . Professeur - suppléant.

La Faculté n'entend approuver ni désapprouver les opinions particulières au Candidat.

DES DIFFÉRENTES MANIÈRES

D'ACQUÉRIR LA PROPRIÉTÉ.

~~~~~~~~~~

C'est pour acquérir avec sécurité, pour posséder et jouir en paix, que l'homme sacrifie une portion de son indépendance naturelle quand il se réunit en société. La propriété veut des garanties : tout édifice politique repose sur cette condition première du pacte social, et par conséquent n'est fort et durable que lorsque celle-ci est accomplie et bien assurée.

La France, aujourd'hui, s'enorgueillit d'une législation à cet égard éminemment conforme à l'essence de l'état civil : d'un côté la Charte, sa loi fondamentale, a fait de l'inviolabilité de la propriété un de ses axiomes, et de l'autre le Code est parti du même principe pour établir les manières d'acquérir les plus sûres et les plus compatibles avec l'organisation sociale.

J'essaierai de présenter ici un tableau de ces dernières, en comparant aux textes actuels les textes romains, où le législateur moderne a puisé tant et de si sages préceptes.

Les moyens d'acquérir sont les actes ou les faits qui confèrent immédiatement à une personne la propriété d'une chose, ou du moins un droit réel sur cette chose.

On acquiert la propriété de choses qui n'appartiennent à personne, ou la propriété déjà établie est seulement transférée d'une personne à une autre : de là cette distinction des moyens d'acquérir en *originaires* et *dérivés*.

1

PREMIÈRE PARTIE.

MOYENS ORIGINAIRES D'ACQUÉRIR LA PROPRIÉTÉ.

Ces moyens sont de deux sortes, l'occupation et l'accession.

CHAPITRE PREMIER.

De l'occupation.

Un exposé succinct de l'origine de la propriété et de ses progrès vient nécessairement se placer à la tête des développemens qu'exige ce moyen d'acquérir.

Les fruits spontanés de la terre, l'espace que comprenoit la mobile habitation de l'homme, furent les premiers objets du droit de propriété, qui n'étoit, avant l'état civil, qu'un droit de préférence; droit éphémère que l'occupation avoit fait naître et qui finissoit avec elle. Les hommes vivoient dans cet état que les publicistes ont appelé communauté négative, où chacun pouvoit s'emparer et jouir des biens dont personne n'étoit en possession.

L'agriculture, suite naturelle de la multiplication du genre humain, rendit plus stable l'occupation primitive. Mais seule elle ne pouvoit former un lien assez étroit pour constituer la propriété permanente; le champ, qui cessoit d'être cultivé, redevenoit vacant et soumis à la règle originaire : il falloit plus que la culture; il falloit des lois positives, des magistrats, en un mot l'ordre social. Dès-lors la propriété change de nature; elle devient un droit que le maître de la chose conserve aussi long-temps qu'il n'a pas manifesté et réalisé l'intention de s'en dessaisir; la possession n'est plus qu'un fait : *nihil commune habet proprietas cum posses-*

sione[1]. Cependant, et comme il reste toujours vrai de dire que la possession est le seul caractère extérieur distinctif de la propriété, elle emprunte plusieurs choses du Droit, *plurimum ex jure possessio mutuatur*[2] ; elle retient, dans certains cas, ses prérogatives, et peut encore conférer la propriété lors même qu'elle est l'effet de l'ancien droit du premier occupant. Ainsi l'état civil n'a point proscrit l'occupation ; il en a réglé l'exercice., en bornant son application aux choses qui n'appartiennent à personne. *Quod nullius est, id ratione naturali occupanti conceditur*, dit la loi romaine. Cette maxime, aujourd'hui, semble abrogée par les articles 539 et 713, qui déclarent que les biens sans maître appartiennent à l'État ; mais, quelque générale que paroisse la disposition de ces articles, elle souffre, à l'égard des choses mobilières, un grand nombre d'exceptions, dont l'analyse indiquera les différentes espèces d'occupations que le Code laisse subsister.

L'occupation ou l'appréhension d'une chose, avec l'intention d'en acquérir la propriété, *rei nullius adprehensio animo sibi habendi*[3], peut avoir pour objet, ou des choses qui n'ont encore appartenu à personne, ou qui ont été abandonnées (*pro derelictis habitæ*), ou qui ont été perdues. L'ancienne jurisprudence attribuoit la plupart de ces choses, avec certaines restrictions, aux seigneurs et au fisc. L'Assemblée constituante abolit le droit des premiers, et laissa subsister les droits du fisc ; l'article 3 de la loi du 22 Novembre 1791 sembla même les étendre, en disant que tous les biens meubles et immeubles reconnus vacans et sans maître appartiennent à l'État. Cette disposition a passé dans les articles 539 et 713 du Code civil, rapportés ci-dessus.

La *première exception* au droit du domaine résulte de l'article

---

1 L. 12, §. 1, *ff. De acquir. possess.*

2 L. 49, *ff. De acquir. possess.*

3 Heineccius, §. 342, *Elementa juris.*

714, dont l'énoncé embrasse les choses *communes*, l'air, l'eau, la mer et les choses que les jurisconsultes appellent *nullius*, telles que les coquillages, les varechs, dont je parlerai ci-après, et tous les animaux sauvages. Ces animaux, lorsqu'ils vivent dans leur état de liberté naturelle, ne sont à personne, et la chasse est un titre d'occupation par lequel le chasseur en acquiert la propriété.

Cependant un propriétaire peut défendre d'entrer sur son champ pour y chasser : *Qui in fundum alienum ingreditur, venandi aucupandive gratiá, potest a domino, si is præviderit, prohiberi ne ingrederetur*[1] ; mais les animaux qu'il défend de poursuivre n'en seront pas moins acquis au chasseur qui s'en sera emparé malgré sa défense, *nec interest utrùm in suo fundo quisque capiat an in alieno*[2], sauf l'action en dommages-intérêts contre ce dernier.

Nous ne rappellerons pas ici les anciennes lois françoises sur la chasse : on sait qu'elles étoient injustes jusqu'à la barbarie ; les décrets du 4 Août 1789, en les abrogeant avec la féodalité, réunirent le droit de chasse à la propriété, dont il n'eût jamais dû être séparé. Ainsi, et conformément au Droit romain, tout propriétaire peut se rendre maître, par tous les moyens, du gibier qui se trouve sur *ses possessions*, en se conformant aux lois de police relatives à la sûreté publique. Sur ce principe est fondée la loi du 30 Avril 1790. Le Code civil y renvoie dans l'article 715, qui porte : « La faculté de chasser et de pêcher est « réglée par des lois particulières. »

A l'égard du droit de pêche, il faut distinguer. La pêche en mer est un droit naturel que les lois civiles ont confirmé[3]. Les lois romaines accordoient même l'action d'injures contre celui

---

1 L. 3, §. 1 ; *ff. De acq. rer. dom.*
2 §. 12, *Instit. de rer. divis.*
3 Art. 1.er, tit. 1.er, liv. 5, de l'ordonnance de la marine de 1681.

qui empêchoit une autre personne de pêcher dans la mer : *Si quis me prohibeat in mare piscari..... an injuriarum judicio possim eum convenire? Et plerique (putant) esse huic similem eum qui in publicum lavare, vel in cavea publica sedere..... me non patiatur; aut si quis re mea uti me non permittat.* (L. 13 , §. 7 , *ff. de injuriis.*)

La pêche des rivières navigables , permise à tout le monde suivant le Droit naturel et le Droit romain, ne l'est, d'après la législation française ancienne et actuelle , qu'aux adjudicataires du droit, ou à ceux qui sont munis d'une licence.[1]

Dans les rivières non navigables, la pêche appartient aux propriétaires riverains, qui, toutefois, ne peuvent exercer leur droit qu'en se conformant aux lois et réglemens locaux.[2]

La *deuxième exception* au droit du domaine est contenue dans l'article 716; elle est relative au trésor.

Le trésor est toute chose cachée ou enfouie, sur laquelle personne ne peut justifier sa propriété, et qui est découverte par le pur effet du hasard : *Thesaurus est quædam vetus depositio pecuniæ cujus memoria non extat, ut jam dominum non habeat.* (L. 31 , §. 1 , *ff. de acq. rer. dom.*)

Si elle n'étoit ni cachée ni enfouie, ce ne seroit pas un trésor, mais une chose perdue, à laquelle on appliqueroit la disposition de l'article 717. Si la propriété pouvoit en être justifiée, si des indices ou présomptions faisoient connoître la personne qui l'a cachée, il faudroit la rendre aux héritiers du propriétaire présumé.[3]

Suivant le Droit romain et le Code, le trésor appartient en totalité à celui qui le trouve dans son propre fonds; car la pro-

---

1 Ordonnance des eaux et forêts de 1669, et art. 12 de la loi du 14 Floréal an X.
2 Avis du Conseil d'État du 30 Pluviose an XIII.
3 L. 67 , *ff.*, *de rei vind.* POTHIER, Traité de la propriété, n.° 66.

priété du sol emporte la propriété du dessus et du dessous (art. 552). S'il est trouvé dans le fonds d'autrui, il en appartient moitié au propriétaire du fonds, et moitié à celui qui l'a découvert.

Mais, pour que l'inventeur y ait droit, il faut qu'il l'ait trouvé par hasard ; par exemple, en travaillant sur le terrain d'autrui de l'ordre du propriétaire : *Si forte, vel arando, vel aliàs terram alienam colendo, vel quocumque casu, non studio perscrutandi, in alienis locis thesaurum invenerit.*

Celui qui auroit fait des fouilles à dessein, et sans le consentement du maître du terrain, devroit être condamné à rendre à celui-ci le trésor en entier. (Voy. loi unique, au *C. de Thesauris.*)

Enfin , l'article 717 énumère, dans l'ordre suivant, *d'autres exceptions* au droit du fisc sur les biens qui n'ont pas de maître :

1.° Le jet ou les effets jetés à la mer en cas de gros temps, ou pour les soustraire à l'ennemi [1] ;

2.° Les effets rejetés par la mer ou épaves maritimes.

D'après l'ordonnance de la marine, de 1681, les choses qui sont du cru de la mer, comme ambre, corail, poissons gras, qui n'ont encore appartenu à personne, sont acquises aux inventeurs, s'ils les ont pêchées sur les flots ; mais s'ils les ont trouvées sur les grèves, ils n'en ont que le tiers.

Quant aux effets procédant de jets, bris ou naufrages, ils doivent être déclarés par ceux qui en font la découverte aux officiers de marine du port le plus prochain, pour être mis en sûreté et rendus aux propriétaires, s'ils les réclament dans le délai utile, sous la déduction des frais de sauvetage. [2]

---

[1] Voyez le Code de commerce, liv. 2, tit. 12, et le titre au *Digeste, de lege Rhodia de jactu.*

[2] Voyez les articles 19 à 42 du livre 4, titre 9, de l'ordonnance de 1681 ; la loi du 13 Mai 1791, relative à la caisse des invalides de la marine ; et un arrêté du 17 Floréal an IX.

3.° Les plantes et herbages qui croissent sur les rivages de la mer.

Suivant l'ordonnance déjà citée, les varechs ou herbes marines que la mer détache et rejette sur les grèves, appartiennent au premier occupant ; celles qui restent attachées aux rochers, appartiennent exclusivement aux communes situées sur les bords de la mer. [1]

4.° Les choses perdues ou épaves, qui sont de diverses espèces. L'ordonnance des eaux et forêts du mois d'Août 1669, appelle *espaves d'eau*, les choses trouvées au milieu des fleuves ou rivières navigables, ou que l'eau a déposées sur les rives (tit. 1.er art. 3). L'article 16 du titre 31 décide qu'elles appartiendront au domaine, lorsque les formalités auront été remplies, et si le délai pour réclamer est expiré.

Quant aux *épaves de terre*, les seigneurs haut-justiciers se les étoient attribuées, sauf le droit du véritable propriétaire, qui recouvroit l'épave en remboursant les frais de conservation.

Il n'existe aucune loi particulière sur ce genre d'acquisition. Il paroît que, dans la pratique, la chose appartient à l'inventeur quand le propriétaire ne se présente pas dans les trois ans. (Article 2279, 2280.)

Les effets, paquets, etc., laissés dans les bureaux des maisons où se tiennent des voitures publiques, qui n'ont point été réclamés pendant l'espace de deux ans révolus, appartiennent au domaine à titre d'épaves, et sont comme tels vendus à son profit.

Il en est de même des effets abandonnés dans les greffes criminels ; mais la loi du 11 Germinal an IV donne aux propriétaires le délai d'une année, à compter du jour de la vente, pour former leur réclamation.

---

[1] Art. 1.er et 5 du titre 10, livre 4, et arrêté du Gouvernement du 18 Thermidor an X.

Quelques auteurs considéroient comme épaves les essaims d'abeilles qui s'étoient envolés d'une ruche, et que le propriétaire avoit cessé de poursuivre.

L'article 3, section 3, §. 5, de la loi sur la police rurale, déclare que, dans ce cas, l'essaim appartient au propriétaire du terrain sur lequel il s'est fixé.

Il me reste à parler d'une espèce particulière d'occupation, les prises faites sur l'ennemi, *occupatio bellica*. D'après le Droit romain, le fisc s'emparoit des immeubles pris sur l'ennemi [1] : la personne et les biens mobiliers tomboient au pouvoir de l'occupant [2], excepté, quant à ces derniers, le cas où la prise en avoit été ordonnée par les chefs [3]. Le Code se tait sur cette manière d'acquérir, qui tient en effet plutôt à des principes de Droit public.

CHAPITRE II.

De l'accession.

L'événement qui ajoute à notre bien une chose qui en augmente la valeur, s'appelle *accession*.

Le droit d'accession est donc une conséquence du droit de propriété. J'acquiers l'accessoire, parce que je suis propriétaire de la chose principale : *Accessorium sequitur semper principale suum*.

Or, cet accessoire est le produit, ou de la nature, ou de l'art, ou du concours de l'un et de l'autre ; c'est pourquoi les jurisconsultes ont divisé l'accession en naturelle, industrielle et mixte.

---

1 L. 20, §. 1, *ff. de capt. et postlim.*

2 §. 17, *Inst. de rer. div.*

3 L. pen. *ff. ad leg. Jul. pecul.*; L. 31, *ff. de jur. fisc.*

Accession naturelle.

§. 1.er Des fruits.

On appelle *fruits*, en général, tout ce qui naît et renaît d'une chose : *omnia emolumenta quæ ex re proveniunt.*

Le propriétaire de la chose est par droit d'accession propriétaire des fruits, quels qu'ils soient, naturels ou civils, à la charge de tenir compte des frais de labour, travaux et semences faits par des tiers[1], et cette obligation subsiste quand même ces tiers auroient été possesseurs de mauvaise foi[2]. *Locupletior factus est quatenus propriæ pecuniæ pepercit.*

La propriété et la possession sont, comme nous l'avons dit ci-dessus, deux choses distinctes : celle-ci est un fait, l'autre est un droit. Un homme peut être possesseur d'une chose ou d'un fonds qui ne lui appartient pas. Dès-lors pourra-t-il s'approprier le produit de cette chose ou de ce fonds ? Les lois romaines regardoient la *perception des fruits* comme un des moyens d'acquérir consacrés par le Droit des gens, comme une des prérogatives de la simple possession, et le Code confirme ce principe, en décidant avec elles que le simple possesseur fait les fruits siens quand il possède de bonne foi.

D'après le Droit romain, la bonne foi est réputée exister jusqu'au moment de l'interpellation judiciaire[3], en sorte que le possesseur doit tous les fruits à compter de cette époque, même ceux existans qui ont été perçus avant l'interpellation. Il n'y a que les fruits consommés dont il n'est pas comptable.

D'après le Code, au contraire, le possesseur cesse d'être de

[1] Art. 547 et 548 du Cod. civ.
[2] L. 36, §. 5, ff. de hered. petit.
[3] L. 25, §. 7, ff. de hered. petit.

2

bonne foi du moment où les vices du titre en vertu duquel il possède, lui sont connus [1]. Les circonstances peuvent donc seules indiquer au juge quand le possesseur a cessé d'être de bonne foi. Au reste, la bonne foi est toujours présumée ; c'est à celui qui allègue la mauvaise foi à la prouver [2]. Le Code n'admet plus la distinction des fruits consommés et existans : les uns et les autres, dès qu'ils sont perçus, sont acquis au possesseur.

Quant à celui qui possède de mauvaise foi, il ne fait aucuns fruits siens ; les lois romaines l'obligeoient même à tenir compte des fruits qu'il auroit pu percevoir et que par négligence ou mauvaise foi il n'a pas perçus [3]. MM. DELVINCOURT et TOULLIER ne doutent nullement que, d'après le Droit actuel, on ne puisse également réclamer les fruits de cette dernière espèce.

Lorsque la chose possédée étoit une hérédité, les lois romaines décidoient que le possesseur, même de bonne foi, devoit rendre les fruits, *quatenus locupletior factus fuerat*, jusqu'à concurrence de ce dont il se trouvoit plus riche au moment de la demande. [4] Le Code, en abrogeant cette décision par l'article 138, qui dit formellement que tous les fruits perçus de bonne foi appartiennent au possesseur de l'hérédité, met fin à la divergence d'opinions qui régnoit sur cette matière entre les auteurs sous l'ancienne jurisprudence françoise.

§. 2. *Des atterrissemens.*

On nomme ainsi les terrains que les eaux de la mer ou des rivières forment sur leurs bords ou au milieu de leur lit, ou bien qu'elles y transportent tout-à-coup.

Il faut donc distinguer plusieurs sortes d'atterrissemens.

---

1 Art. 550, Code civ.
2 Art. 2268, Code civ.
3 L. 22, *Cod. de rei vind.*
4 L. 40, §. 1, *ff. de hered. petit.*

1.° Les accroissemens qui se forment successivement et insensiblement, et qu'on appelle alluvions : *per alluvionem autem id videtur adjici, quod ita paulatim adjicitur, ut intelligere non possumus quantum quoquo momento temporis adjiciatur*[1]. L'alluvion est un des moyens d'acquérir dont le Droit civil a trouvé le type dans les principes mêmes de l'équité naturelle. Toujours exposés aux ravages, les propriétaires riverains doivent seuls aussi profiter des alluvions ; c'est ce que décide l'article 556, soit qu'il s'agisse d'un fleuve ou d'une rivière navigable, flottable ou non, et sans qu'on puisse opposer la distinction que faisoient les lois romaines du fonds qui avoit des limites certaines de celui qui n'en avoit pas : seulement dans le cas d'une rivière navigable, le riverain sera tenu de laisser le marche-pied ou chemin de halage voulu par les réglemens.

Le droit d'alluvion n'a pas lieu à l'égard des relais de la mer, qui sont considérés comme dépendances du domaine public, ni à l'égard des lacs et étangs. Cependant, s'il arrivoit que ces derniers prissent de l'accroissement par une cause permanente et durable, en sorte qu'ils couvrissent habituellement une plus grande partie des fonds environnans, on pense qu'il faudroit ordonner le mesurage de ces lacs en temps ordinaire, et, en cas d'extension, le propriétaire y auroit part à raison du terrain envahi.[2]

2.° Les accroissemens que forme l'impétuosité des eaux, lorsqu'elles enlèvent une partie considérable et reconnoissable d'un champ riverain et la portent vers un champ inférieur ou à la rive opposée.

Il n'en est pas de cet accroissement comme du précédent : le propriétaire de la partie enlevée peut réclamer sa propriété, pourvu toutefois qu'il forme sa demande dans l'année, ou, si ce délai est

---

[1] L. 7, §. 1, *ff. de acq. rer. dom.*
[2] MALEVILLE, tome 2, page 44.

expiré, que le propriétaire du champ auquel la partie enlevée a été réunie, n'en ait pas encore pris possession.

Le Droit romain admettoit l'incorporation du champ détaché au fonds riverain, lorsque les arbres avoient poussé des racines. (§. 21, *Inst. de rer. divis.*)

3.º Les îles, îlots et atterrissemens.

On donne particulièrement le nom d'atterrissemens aux amas de sable que le fleuve amoncelle insensiblement, et qui finissent par s'élever au-dessus de la surface de l'eau. L'île est plutôt une portion du lit même du fleuve, découverte par la retraite des eaux.

Les îles qui se forment dans les rivières navigables, appartiennent à l'État ; l'intérêt du commerce l'exige : toutefois la loi maintient les droits résultans des titres ou prescriptions contraires, et ceux du propriétaire d'un champ que le fleuve, en se formant un bras nouveau, coupe et embrasse pour en faire une île.[1]

Dans les autres rivières, l'île appartient aux propriétaires riverains, qui exercent leur droit en raison de la largeur de leurs fonds, *pro modo latitudinis cujusque prædii*[2], à partir de la ligne qu'on suppose tracée au milieu de la rivière. Si l'île est toute d'un côté, elle appartient aux riverains du côté où elle existe.

Suivant décret du 18 Août 1807, le banc de sable (atterrissement) formé par accident dans une rivière non navigable, lorsqu'il obstrue le cours des eaux, ne peut être considéré comme propriété des riverains.

Enfin, un dernier cas : lorsqu'une rivière, navigable ou non, se forme un nouveau cours en abandonnant son ancien lit, les propriétaires des fonds nouvellement occupés prennent, à titre d'indemnité, l'ancien lit abandonné, chacun dans la proportion du

---

1 Art. 560, 562, Cod. civ.
2 L. 7, §. 3, *ff. de acq. rer. dom.*

terrain qui lui a été enlevé; décision plus conforme à l'équité que celle de la loi 7, §. 5, *ff. de acq. rer. dom.*, qui adjugeoit le lit abandonné aux propriétaires riverains.

Accession industrielle.

Il y a trois espèces d'accessions industrielles:

L'adjonction ou union de deux choses appartenant à des propriétaires différens;

La spécification, ou formation d'une nouvelle espèce avec une matière appartenant à autrui;

La commixtion ou le mélange de plusieurs matières appartenant à divers propriétaires.

Il est difficile de réduire le droit d'accession à des règles générales et précises, quand il a pour objet des choses mobilières. Il est entièrement subordonné aux principes de l'équité naturelle.

Les règles données par le Code civil ne sont proposées que pour servir d'exemples aux juges, et les déterminer dans les cas non prévus, suivant les circonstances particulières[1]. Ces règles se rapportent aux trois espèces d'accession que je viens d'indiquer. Il suffira d'en analyser les dispositions principales.

Accessorium sequitur principale suum, est toujours le principe général.

Dans le cas de l'adjonction, le propriétaire de la chose principale acquiert, lors même que la séparation pourroit avoir lieu, la propriété de la chose qui y est jointe, en payant la valeur de cette dernière (art. 566).

Est réputée partie principale, celle pour l'usage, l'ornement ou le complément de laquelle l'autre a été ajoutée. Néanmoins, si la chose unie est beaucoup plus précieuse que la chose principale, et quand elle a été employée à l'insçu du propriétaire, celui-ci

---

[1] Art. 565, Code civ.

peut demander que la chose unie soit séparée pour lui être rendue, même quand il en pourroit résulter quelque dégradation de la chose à laquelle elle a été jointe.

Dans le doute on peut regarder comme l'objet principal celui qui est le plus précieux, et regarder comme accessoire celui qui est de moindre prix. Dans les choses d'égale valeur, c'est le volume qui détermine (art. 569).

Si un artiste a donné une nouvelle forme à une matière qui ne lui appartenoit pas (spécification), le propriétaire de la matière doit, en payant la main-d'œuvre, obtenir la préférence, soit que la matière puisse ou non reprendre sa première forme. Dans ce dernier cas JUSTINIEN adjugeoit le tout au spécificateur. Si pourtant la main-d'œuvre étoit tellement importante qu'elle surpassât de beaucoup la valeur de la chose employée, l'industrie l'emporteroit sur le droit du propriétaire de la matière ; par exemple, s'il s'agit d'un tableau : *ridiculum est enim picturam Appellis vel Parrhasii in accessionem vilissimæ tabulæ cedere* (§. 34, *Inst. de rer. div.*).

Lorsqu'une personne a employé à un ouvrage quelconque une portion de matière qui lui appartenoit et une portion qui ne lui appartenoit pas, la chose, si elle ne peut se séparer sans inconvénient, devient commune aux deux propriétaires dans la proportion de leur intérêt respectif.

Dans les *commixtions* ou mélanges de plusieurs matières, le tout appartient au maître de la matière la plus considérable ou la plus précieuse, à la charge de rembourser la valeur des autres matières.

Si aucune des matières ne peut être considérée comme supérieure en prix ou en quantité, la chose provenue du mélange demeurera commune aux divers propriétaires; ou, si la séparation est possible, celui à l'insçu duquel s'est opéré le mélange peut demander la division.

Il y a, au reste, des dispositions applicables aux trois hypothèses ci-dessus.

1.º La communauté donne toujours ouverture à la licitation.

2.º Dans tous les cas où le propriétaire de la matière employée à un ouvrage sans son aveu peut réclamer la propriété du tout, il a le choix de demander le remplacement de sa matière en mêmes nature, quantité, poids, mesure et bonté, ou sa valeur.

3.º Suivant les circonstances, il peut y avoir lieu à une action en dommages-intérêts, ou même criminelle. ·

Mais l'accession industrielle peut aussi avoir pour objet des choses immobilières, et alors elle présente plus d'intérêt. Deux cas y donnent lieu.

Lorsque des constructions ont été faites par *le propriétaire du sol avec des matériaux d'autrui*, ou que des constructions ont été faites par *un tiers, avec ses matériaux, sur le terrain d'autrui*, c'est ce que les lois romaines appellent *adjunctio per inædificationem*.

La propriété du sol emporte la propriété du dessus et du dessous. L'une des conséquences de ce principe est que toutes les constructions et ouvrages faits sur un terrain sont présumés faits par le propriétaire et à ses frais, si le contraire n'est prouvé.

Ainsi, dans le premier cas ci-dessus, les matériaux sont acquis au maître du terrain, à la charge du paiement de leur valeur et sauf les dommages-intérêts, s'il y a lieu, ou même la poursuite criminelle, en cas de vol (art. 554).

Quelques auteurs ont pensé que, puisque l'article se sert du terme *matériaux*, si quelqu'un avoit employé dans son mur une colonne, une statue, un bas-relief appartenant à un tiers, celui-ci seroit fondé à les revendiquer.

Cependant, s'il devoit résulter de l'enlèvement, ou la ruine, ou du moins une détérioration considérable du bâtiment, il est présumable que les juges n'admettroient pas cette opinion.

La loi des douze tables avoit déjà consacré le principe qui défend d'enlever les matériaux, *quia omne quod inædificatur, solo cedit* (voy. *L.* 7, §. 10, *ff. de acq. rer. dom.*); mais le Code ne donne pas, comme la loi romaine, au propriétaire des matériaux une action *in duplum*, c'est-à-dire le droit de se faire payer le double de la valeur de la chose : de même il ne lui conserve pas l'action en répétition, lorsqu'à l'époque de la démolition tous les dédommagemens ne sont pas acquittés.

Dans le deuxième cas, lorsque des constructions ont été faites *par un tiers sur le sol d'autrui*, le possesseur est de mauvaise foi, ou il est de bonne foi.

S'il est de mauvaise foi, le propriétaire du fonds a l'option, ou de retenir les constructions, en remboursant le prix de la main-d'œuvre et des matériaux, sans égard à la plus ou moins grande augmentation de valeur que le fonds a pu recevoir, ou d'obliger le tiers à les enlever à ses frais, et même à lui payer des dommages-intérêts, s'il y a lieu.

S'il est de bonne foi, et cette bonne foi résulte du jugement même d'éviction qui ne l'a pas condamné à la restitution des fruits, le propriétaire n'a plus que le choix de rembourser, ou la valeur des matériaux et le prix de la main-d'œuvre, ou une somme égale à celle dont le fonds a augmenté de valeur (art. 555).

Suivant les jurisconsultes romains, lorsque le constructeur est *en possession*, il a le droit de retenir l'édifice jusqu'au paiement du prix des matériaux : *si dominus soli petat ædificium, nec solvat pretium materiæ et mercedes fabrorum, poterit exceptione doli mali repelli*, pourvu qu'il y ait bonne foi ; car, dans le cas contraire, *sua voluntate proprietatem materiæ amisisse intelligitur.* [1]

---

[1] L. 7, §. 12, ff. de acq. rer. dom.

Lorsque le constructeur *n'est pas* en possession de l'édifice, le Droit romain lui refuse toute action. [1]

Il faut remarquer que la disposition finale de l'article 555 n'est applicable ni à l'usufruitier ni au fermier. L'article 599 refuse au premier tout recours pour indemnité des améliorations qu'il prétendroit avoir faites, encore que la valeur de la chose en fût augmentée; il peut seulement, ou ses héritiers, enlever les ornemens qui peuvent être enlevés sans dégradation : l'usufruitier savoit que le fonds ne lui appartenoit pas ; en faisant ces constructions ou améliorations, il est censé avoir voulu gratifier le propriétaire, *donasse videtur*. Quant au fermier, le Code ne s'explique point formellement. Je pense, avec M. TOULLIER, qu'il faut distinguer les impenses nécessaires de celles qui sont simplement utiles : celles-là devront être remboursées ; celles-ci seront supportées par le fermier d'après les règles établies dans les premiers paragraphes de l'article 555.

Accession mixte.

Les docteurs l'ont ainsi appelée, parce qu'elle résulte du concours de l'art et de la nature, comme dans la plantation des arbres, qui, quoique unis à la terre, n'y sont véritablement incorporés que lorsque la nature a fait pousser les racines. Il est facile de voir que cette espèce rentre dans les deux autres. Le Code la soumet aux mêmes règles que les constructions. En Droit romain, la plante n'est acquise au propriétaire du sol que lorsqu'elle a poussé des racines ; jusque-là elle peut être revendiquée ; et cette distinction, fondée sur l'équité, n'a rien de contraire à l'esprit du Code.

---

[1] L. 14, *ff*. de doli mali et met. causà except.; L. 38, *ff*. de cond. indeb.

DEUXIÈME PARTIE.

MOYENS DÉRIVÉS D'ACQUÉRIR LA PROPRIÉTÉ.

Les moyens dérivés d'acquérir la propriété sont naturels ou civils.

Le seul moyen *dérivé naturel* d'acquérir est la tradition, par laquelle le propriétaire transmet la possession d'une chose à une autre personne, avec la volonté de lui en transférer la propriété. *Quid enim tam conveniens est naturali æquitati, quàm voluntatem domini volentis rem suam in alium transferre ratam haberi.* (Voy. *L.* 9, §. 3, *ff. de acq. rer. dom.*)

Dans le Droit romain on distingue soigneusement le titre, du moyen d'acquérir. Le moyen d'acquérir est l'acte ou le fait qui confère immédiatement la propriété ; c'est la tradition, la mise en possession. Le titre est la cause en vertu de laquelle cet acte ou ce fait transfère la propriété ; il donne le *jus ad rem*, c'est-à-dire qu'il produit une action personnelle. *Le jus in re* n'est acquis que par la tradition ; jusqu'alors il continue de résider sur la tête du vendeur. *Traditionibus..... dominia rerum, non nudis pactis transferuntur*, dit la loi 20 au Code, *de pactis.*

Ce principe fut reçu dans l'ancienne jurisprudence françoise, et dans la plupart des législations de l'Europe. Avant l'établissement des sociétés il étoit juste, parce qu'alors les conventions ne pouvoient avoir de force contre des tiers ; la propriété étant confondue avec la possession, il falloit la transmission de possession pour transférer la propriété.

Mais, depuis l'état civil, il est évident qu'il dut suffire de la volonté dûment constatée pour transférer la propriété, qui ne put, sans une injustice frappante et une contradiction manifeste, continuer de résider sur la tête de célui qui s'en étoit dépouillé par une convention. L'homme de bonne foi qui avoit acheté sans que la mise en possession eût suivi, n'avoit d'autre ressource qu'une action en dommages-intérêts contre le fourbe qui avoit revendu une seconde fois avec tradition.

Pour éluder ces conséquences, on avoit imaginé des traditions feintes, des traditions symboliques, qui rendoient rare l'application d'un principe dont en vain les publicistes les plus célèbres démontrèrent la fausseté : on reconnoissoit l'erreur sans oser l'abandonner. Il appartenoit à notre Code d'opérer, dans cette partie de la jurisprudence, une réforme sollicitée par la raison : il établit, en règle générale, que la propriété s'acquiert par l'effet des obligations (711); qu'elle est acquise de droit, quoique la chose n'ait pas encore été livrée (1583, 938); en un mot, que l'obligation de livrer la chose est parfaite par le seul consentement des parties contractantes, et *qu'elle rend le créancier propriétaire* (1138).

Je citerai ici une conséquence importante de ce principe fondamental.

D'après la loi de Brumaire an VII, sur les hypothèques, la propriété n'étoit vraiment transférée que par la transcription du contrat : car ce n'étoit que depuis cette transcription que le contrat produisoit effet contre des tiers ; et plusieurs arrêts furent rendus dans ce sens. Mais une pareille jurisprudence étoit devenue incompatible avec le principe que la propriété se transfère par les seules conventions : aussi la transcription n'est-elle plus, depuis la publication du titre *des hypothèques*, qu'une formalité nécessaire pour purger les priviléges et hypothèques antérieurs à la vente, mais qui ne peut plus avoir pour effet de valider une seconde vente au préjudice d'un premier acquéreur non transcrit.

Mais, si la propriété des immeubles se transfère ou s'acquiert par le seul effet des conventions, il n'en est pas ainsi des choses mobilières, dont la propriété n'a pas la même stabilité que celle d'un fonds de terre, qui peuvent passer, en un jour, en une foule de mains différentes, et dont la vente se fait le plus souvent verbalement ou par des actes sous seing privé, qui n'ont point de date assurée contre des tiers. A leur égard le Code consacre cet ancien principe, qu'en fait de meubles, la possession VAUT TITRE (2279).

Des moyens dérivés civils.

Les moyens dérivés civils d'acquérir viennent de la loi.

La propriété peut être transférée par la seule force de la loi, sans le concours du propriétaire, ou par la volonté du propriétaire ratifiée par la loi, ou enfin la loi exige le ministère de la justice.

La propriété est transférée par la seule force de la loi et sans le concours du propriétaire,

1.° Dans le cas des successions légitimes. Considérée comme un moyen d'acquérir, la succession est l'action de succéder à une personne, c'est-à-dire, de prendre la place qu'elle laisse vide par son décès, et de la représenter dans tous les biens, dans tous les droits, dans toutes les charges qui peuvent passer à un successeur.

Nihil aliud est hereditas quam successio in universum jus quod defunctus habuit.

La succession s'ouvre par la mort naturelle ou civile. (Art. 718, 719.)

Elle est régulière ou irrégulière.

La première est celle qui est déférée aux héritiers légitimes en lignes descendante, ascendante ou collatérale [1]. Ils en sont saisis de plein droit.

La seconde est celle qui, à défaut d'héritiers légitimes successibles, est dévolue aux enfans naturels reconnus [2], ou au con-

---

1 Art. 731 à 555 du Code civ.

2 Art. 758 du Code civ.

joint survivant, ou à l'État. Dans ces trois cas les appelés sont obligés de demander l'envoi en possession à la justice. [1]

Cependant il faut observer que, les enfans naturels reconnus ayant un droit à la succession de leurs père ou mère, même quand il existe des héritiers légitimes, ce n'est point alors à la justice, mais à ces héritiers, qu'ils doivent s'adresser pour recueillir la portion que la loi leur assigne. (Art. 557.)

2.° En vertu de l'article 384 du Code civil, qui donne aux pères et mères l'usufruit des biens de leurs enfans, jusqu'à ce que ceux-ci aient atteint l'âge de dix-huit ans.

3.° Dans le cas de la révocation des donations par survenance d'enfans. L'effet de cette révocation est de transférer la propriété des biens donnés au donateur, de plein droit, et libres de toutes charges du fait du donataire ou de ses ayant-cause.

4.° Par la prescription, qu'on peut regarder comme dérivée du Droit naturel, en ce que c'est la possession qui fait acquérir la propriété. Toutefois cette possession doit réunir plusieurs conditions; elle doit être civile ou à titre de propriétaire, paisible, publique, non équivoque, et continuée sans interruption pendant le temps déterminé par la loi.

Le temps requis pour prescrire varie suivant le principe de la possession, c'est-à-dire, suivant qu'il y a juste titre, *ad transferendum dominium habilis*, ou qu'il n'en existe point. Dans le dernier cas, il faut trente ans, pourvu encore que la possession n'ait pas été précaire dans l'origine; car alors nulle prescription ne peut courir : dans le premier, qui suppose nécessairement la bonne foi au moment de l'acquisition, il ne faut que dix ans entre présens, et vingt ans entre absens.

La propriété est transférée par l'effet de la volonté du propriétaire :

---

1 Art. 767 à 773 du Code civ.

1.° En vertu des contrats translatifs de propriété, tels que ceux de vente, échange, etc.;

2.° Au moyen des donations entre-vifs et des testamens. Ces deux manières de transmettre la propriété ont leur source commune dans l'exercice de la libéralité; mais elles ont des différences nombreuses et caractéristiques.

La *donation* est une convention qui, *pour être valable*, doit être passée devant notaire[1], solennellement acceptée[2], et transcrite[3] (pour être valide vis-à-vis des tiers), si elle consiste en biens susceptibles d'hypothèques. Elle ne peut contenir que les biens présens du donateur.[4]

Elle est irrévocable, lorsqu'elle est conforme aux règles prescrites par la loi, et aussi long-temps qu'il n'est point survenu un motif légal de révocation.[5]

La loi traite avec plus de faveur les donations faites par contrat de mariage, quoiqu'en général elles soient assujetties aux mêmes règles que les autres donations[6]. Elles peuvent contenir les biens présens et à venir[7]; elles ne sont pas nulles pour défaut d'acceptation[8], etc.

Les époux peuvent en outre, même pendant le mariage, se faire des donations; mais celles-ci sont toujours révocables, quoique qualifiées entre-vifs.[9]

Le Code n'a pas toujours suivi, dans la matière des donations, les principes du Droit romain, qui cependant, en plusieurs points,

---

1 Art. 931 du Code civ.

2 Art. 932 à 938 du Code civ.

3 Art. 939 à 941 du Code civ.

4 Art. 943 du Code civ.

5 Art. 953 à 966 du Code civ.

6 Art. 1081 du Code civ.

7 Art. 1084 à 1086 du Code civ.

8 Art. 1087 du Code civ.

9 Art. 1096 du Code civ.

s'étoit rapproché de la simplicité du droit naturel. Ainsi, en Droit romain, la donation entre-vifs peut être faite sous seing privé, même verbalement; l'acceptation peut être tacite et résulter de la simple présence des parties ou de leurs signatures. Mais, lorsque la donation excède 500 *solides*, elle doit, à peine de nullité, être insinuée, c'est-à-dire, copiée sur un registre public. Plusieurs ordonnances de nos rois, et, en dernier lieu, celle de 1731, avoient adopté cette formalité. Le Code la rejette; il exige, comme je l'ai dit, la transcription, qui produit quelques effets analogues à ceux de l'insinuation, sans cependant la remplacer.

La cour de cassation a décidé, par arrêt du 10 Avril 1815, que tous tiers (créanciers hypothécaires ou acquéreurs) à qui le donateur confère des droits sur la chose, après la donation, peuvent se prévaloir du défaut de transcription; principe contraire à celui que j'ai rapporté plus haut, relativement à la translation de propriété par contrat à titre onéreux. Remarquez, au surplus, que le défaut de transcription ne peut point, comme le défaut d'insinuation, être opposé par les héritiers du donateur. (Arrêt de la cour de cassation du 12 Décembre 1810.)

Le *testament* est aussi le plus souvent un acte de libéralité; mais un acte qui dépend essentiellement d'une seule personne, qui ne doit recevoir son exécution qu'à la mort de cette personne, et qui, jusque-là, est sujet à la mobilité des volontés et, par conséquent, à révocation. Le Droit civil a pu seul conférer à l'homme cet étonnant empire, qui s'étend, même au-delà de sa vie, sur des biens qui ne lui appartiennent plus.

La plupart des peuples se sont accordés à admettre cette institution d'une manière plus ou moins étendue.

Chez les Romains, la maxime de la loi des douze tables, *pater familias, uti legassit super familia, pecunia tutelave suæ rei, ita jus esto*, fut la base de leur législation sur les testamens.

Cependant son application illimitée fut successivement restreinte par les empereurs.

Le Code civil, élaguant les dispositions qui tenoient plus aux principes politiques de Rome qu'à l'essence des testamens, combinant à la fois avec les lois romaines les lois nombreuses et disparates de notre ancienne jurisprudence, et l'esprit d'une législation plus récente, a établi des règles uniformes et conciliatrices du respect dû à la propriété, aux intérêts des familles et de la société. Il déclare qu'un testament vaudra, quelque dénomination que le testateur ait donnée à ses dispositions[1], pourvu cependant qu'on puisse y distinguer les caractères d'un acte de dernière volonté, et s'assurer par là que les formes voulues par la loi pour ces sortes d'actes ont été observées.

Ces formes sont réduites à trois : le *testament olographe*, le *testament mystique* et le *testament par acte public*[2]. Il y a quelques exceptions à ces formes en faveur de certaines personnes, telles que les militaires aux armées, les voyageurs sur mer, etc.[3]

3.° La propriété est encore transférée par l'effet de la volonté du propriétaire, dans le cas de l'abdication.

Il y a deux sortes d'abdications : l'une a pour objet de se dépouiller de sa propriété, sans retirer aucun avantage réel de cet abandon, par exemple, les *missilia* des Romains, lorsque, dans des jours de fêtes, on jetoit de l'argent au peuple; l'autre a pour objet de se libérer des charges et obligations imposées sur la chose abandonnée. (Art. 656 et 699.)

La propriété est transférée par le ministère de la justice :
1.° Lors des ventes par expropriation forcée;
2.° Lors des aliénations pour cause d'utilité publique, sous

---

[1] Art. 967 du Code civ.
[2] Art. 969 à 980 du Code civ.
[3] Art. 981 à 1001 du Code civ.

la condition toutefois d'une indemnité préalable. « C'est bien
« assez, dit Montesquieu, que l'État puisse contraindre un citoyen
« de vendre son héritage, et qu'il lui ôte ce grand privilége de ne
« pouvoir être forcé d'aliéner son bien. »

3.° Dans le cas des confiscations, quand elles ne sont pas
prohibées par les constitutions et les lois.

Il faut encore observer que les moyens dérivés d'acquérir sont
à titre universel ou à titre singulier.

Les premiers sont ceux par lesquels on acquiert une universalité
ou une quote-part de l'universalité des biens et des droits d'une
personne : telles sont les successions *ab intestat*, les institutions
d'héritier ou legs universels, les legs à titre universel, et les donations de biens présens et à venir, dans les cas où elles sont per-
mises. Les autres sont les legs particuliers et donations d'objets
déterminés.

FIN.

www.ingramcontent.com/pod-product-compliance
Lightning Source LLC
Chambersburg PA
CBHW070723210326
41520CB00016B/4439